婴幼儿家庭养育丛书

7~12个月婴幼儿语言发展

方[illegible] 著

人民东方出版传媒
東方出版社

主要人物介绍

目录

7~9 个月宝宝的
语言心智教养

小欢快 8 个多月了。
是啊，宝宝长得真快。
我们是不是该去找找方教授了？
对啊，这个是要去的！
周六，小欢一家人到方教授那里去。
方教授好！
你们好！
小欢长大了很多啊。

定期观察宝宝的语言能力状态，可以更合理地促进宝宝的语言发展。

你来引导宝宝玩，并逗他发音。
铃铃铃……
ba……ba……
ba……ba……
ma……ma……
ma……ma……
yi……yi……

小欢！小欢！
小欢的语言能力发展得很好。
啊！那真是太好了！
这个年龄的宝宝逐渐开始怕生，有些宝宝评测时会哭闹，现场就看不到宝宝的语言表现了。
遇到这种情况，就只能询问家长孩子的语言状态。

小欢今天表现得很好。
我们看到了小欢的语言表现，而且小欢非常自然，祝贺宝宝！
等一下你们可以去外面看一下展板。
是什么内容？
《7~9 个月宝宝语言本领展板》。
好的！
燕燕老师会在展板附近，如有什么不清楚的，可以随时咨询她。

燕燕老师好！
你们好！
刚才你们是在方教授那里对小欢宝宝进行过语言能力评测吧？
是的！
怎么样？结果如何？
还不错！小欢的语言发展能力很好。
请观摩《7~9 个月宝宝语言本领展板》，对照自己的宝宝，看看他是否达到标准了。

7~9 个月的宝宝能主动地向声源方向转脸，即有辨别声音方向的定位能力。

如果小儿不会大声笑，头从不转向声源寻声，突然或奇特的声音不能引起其注意，或哭闹时妈妈的声音不能使其安静等要警惕听力问题。

家长在养育宝宝的生活中要用边做边说的方式向宝宝表达语言，为宝宝说出词语做好准备。

配套教具——大积木

（一）功能：

1. 是 4~12 个月宝宝的适龄玩具：可训练宝宝触觉统合能力、视觉统合能力、手眼协调能力和手精细运动能力等。

2. 可作为 7 个月以上宝宝的语言和注意力的评估工具。

（二）使用方法：

1. 用大积木逗引宝宝或给宝宝自由玩耍。

2. 用大积木来评估 7 个月以上宝宝注意力和语言能力状态。

3. 作为 1 种玩具，带宝宝玩抓握和敲击积木加语言的游戏，促进宝宝语言、触觉统合能力和手眼协调能力的发展。

4. 对积木玩具有兴趣的宝宝，家长可多带宝宝玩积木变化游戏以提高宝宝的注意力。

育儿心得

7~9个月宝宝
语言本领展板

【7~9 个月宝宝语言本领展板】

请家长对照自家宝宝的听觉反应能力判断，宝宝如果未达到，请尽早到专业机构进行咨询。

【7~9 个月宝宝语言本领展板】

请家长对照自家宝宝的听觉反应能力判断，宝宝如果未达到，请尽早到专业机构进行咨询。

【7~9个月宝宝语言本领展板】

请家长对照自家宝宝的语言表达能力判断，宝宝如果未达到，请尽早到专业机构进行咨询。

【7~9 个月宝宝语言发展警示展板】

喵！
突然或奇特的声音不能引起宝宝注意，这样的情况都要重视。
如果宝宝在哭闹的时候，妈妈的声音不能使其安静，也要警惕宝宝的听力是否出了问题。
宝宝对外界的声音刺激不敏感，都是要重视的。
有些家长觉得宝宝平时没有前面说的情况发生，容易大意。家长要细心观察，如果宝宝有类似情况出现，就要格外警惕。

燕燕老师，我们看完了。
我们现在是不是要回到方教授那里去？
看这些展板的目的是为了让你们能灵活地将这些方法用在宝宝的养育当中。
看完展板再到方教授那里去，可以得到更贴切的语言养育指导。
谢谢燕燕老师。我们现在去方教授那里。

方教授，我们回来了。
请进！
你们已经看了《7~9 个月宝宝语言本领展板》。展板中列出的多数都是 7~9 个月的宝宝应该达到的内容。
是的，我们都看了，同时也在和我们自己养育小欢的过程进行比对和学习。
这样很好。
展板的内容关键是提醒家长在养育中合理地促进宝宝的语言能力发展。
嗯。

要特别提出的是，如果有极少部分孩子没有达标，就是不合格了。

如果不达标，那该怎么办呢？

那就要找原因，及早赶上，或者到医院咨询。
不一定要去医院吧？

是的。
宝宝不达标并不意味着就一定有问题，但是必须要引起注意和重视。

小欢宝宝的语言发育良好，你们可以放心了。
是啊！
哦？
根据宝宝现在的语言发展特点，家长可以在养育中主动向宝宝表达语言。
家长可以在宝宝的生活中使用边做边说的方式向宝宝表达语言。
听起来还是挺容易的。
方教授您能举个例子给我们参考一下吗？

家长可以在养育宝宝的生活中，灵活运用边做边说的方式向宝宝表达语言。

拿杯子。
杯子装水。
用杯子喝水。
在每次的喝水过程中多次重复，宝宝对拿杯子喝水过程中的许多名词和动词就有了理解，为形成自己的语言做了准备。

您请讲。
其他还可以举出很多例子，比如……
穿——衣服，左手——穿，右手——穿。
衣领——整理，衣服——拉平。
还有交往过程中我们也可以向宝宝表达语言……
您请讲，我在记。

比如说：
挥手——再见，
摆手——再见。
握手——您好。
拍手——欢迎。
完全理解了！

嗯，这些在我们日常生活中都是非常容易做到的，关键是要用心去做。
家长还要有意识地培养宝宝倾听的习惯。
这么小的宝宝怎么培养倾听的习惯呀？
这个并不难，肯定可以做到。

家长与宝宝多“谈话”，让宝宝多听音乐，培养宝宝倾听的习惯。

还可以给宝宝诵读故事。
可是宝宝能听懂吗？
当然我们要选择篇幅短小的、简单的故事。主要是让宝宝学会倾听。
给宝宝诵读故事，用亲切的语调吸引宝宝主动听故事，就是在培养宝宝倾听。
嗯，我记得小欢妈妈有一次给小欢读故事听，他就一脸认真倾听的样子。
是的，这就是培养宝宝的倾听习惯。

还有，听音乐也可以让宝宝学会倾听。
哦？
给宝宝听音乐时，可以带着宝宝跟随音乐一起运动，这也是培养宝宝倾听！
我明白了。
有关 7~9 个月宝宝养育中相匹配的语言促进内容，展板中我们列得比较详细。下面的时间，你们去看展板吧！
请去观摩《7~9 个月宝宝心智语言养育展板》。莉莉老师在那里，她会随时解答你们的问题。

你们好！
莉莉老师好！
你们看展板吧，有什么不清楚的可以随时来问我。
好的！
在这里！方教授让我们看的《7~9 个月宝宝心智语言养育展板》。

家长促进 7~9 个月宝宝的语言发展能力的主要内容有：

（1）生活中促进语言发展的方法：以边做边说的方式向宝宝表达语言并引导宝宝发连续音的词汇，使宝宝的语言与词语的实际意义联系起来。

（2）带宝宝做游戏促进语言：多做寻找声音的游戏，如寻找失落的摇铃游戏、追寻滚动的皮球游戏等。

配套教具——镜子

（一）功能：

1. 是 4~12 个月宝宝的适龄玩具：可训练宝宝的自我意识、认知能力和手眼协调能力等。
2. 可作为 4~12 个月宝宝的视觉反应和注意力评估工具。

（二）使用方法：

1. 将镜子提供给宝宝自由玩耍。
2. 用镜子可评估 4 个月以后宝宝的视觉反应和注意力状态。
3. 作为 1 种玩具，带宝宝做照镜子游戏促进宝宝的语言能力发展。
4. 对镜子有兴趣的宝宝，家长可带宝宝玩多种照镜子游戏，提高宝宝的注意力。

育儿心得

7~9个月宝宝语言心智养育展板

你们全家看得好认真啊，有什么问题需要咨询我吗？
莉莉老师，请您给我们讲一讲吧！
家长们，展板上的内容是给家长参考的。在养育中，家长随时可以与宝宝做游戏……
比如说，家长看着宝宝，对宝宝说出和解释自然语言或编儿歌等。
家长们看后，可以自己灵活应用和拓展。

【7~9 个月宝宝语言心智养育展板】——寻找失落的摇铃游戏的自然语言

家长有意识地将带响的摇铃从宝宝眼前掉落，发出声音。

（1）请家长记录宝宝在寻找摇铃游戏中的有趣情景和发声。

（2）记录家长在寻找摇铃游戏中有趣的自然语言。

【7~9个月宝宝语言心智养育展板】——寻找失落的摇铃游戏的儿歌

（1）记录家长自己编写的寻找摇铃游戏的有趣儿歌。
（2）家长反复对宝宝诵吟寻找摇铃游戏的儿歌。

（3）请家长记录宝宝在寻找摇铃儿歌中的有趣情景和发声。

【7~9 个月宝宝语言心智养育展板】——追寻滚动的皮球游戏的自然语言

（1）请家长记录宝宝在追寻滚动的皮球游戏中的有趣情景和发声。

（2）请记录家长在追寻滚动的皮球游戏中有趣的自然语言。

【7~9 个月宝宝语言心智养育展板】——追寻滚动的皮球游戏的儿歌

（1）请记录家长自己编写的追寻皮球游戏的有趣儿歌。
（2）家长反复对宝宝诵吟追寻皮球游戏的儿歌。

（3）请家长记录宝宝在追寻皮球儿歌中的有趣情景和发声。

展板上的儿歌只是个例子，你们可要灵活应用啊。
明白，我们会根据实际生活中已有的物品、玩具来给宝宝编儿歌、做游戏。
对，就是这样。
游戏中的行为、语言,还有儿歌,你们一定要多说,这样对宝宝语言心智发育才有帮助。
刚才看的展板上也有这样的提示，谢谢莉莉老师，我们记下了。

【7~9个月宝宝语言心智养育展板】——打招呼游戏的自然语言

（1）家长用身体语言进行引导宝宝，促进宝宝对动作和语言的理解。

（2）请家长记录宝宝在打招呼游戏中的有趣情景和发声。

【7~9 个月宝宝语言心智养育展板】——打招呼游戏的儿歌

（1）记录家长自己编写的打招呼游戏的儿歌内容；
（2）家长反复对宝宝诵吟打招呼游戏的儿歌；
（3）请家长记录宝宝在打招呼游戏中的有趣情景和发声。

【7~9 个月宝宝语言心智养育展板】引导宝宝发连续音的词，使宝宝的语言与词语的实际意义联系起来。

（1）宝宝发出重复音节，家长对宝宝的声音给予应答和鼓励。
（2）如果宝宝的发音欲望强烈，家长应多引导宝宝发连续音的词语。
（3）宝宝发出许多类语言的词语，虽然不具有词语的实际含义，但使宝宝的语言与词语的实际意义联系起来，是在为以后说出词汇做准备。

【7~9 个月宝宝语言心智养育展板】——与宝宝“谈话”的内容举例

（1）宝宝的注意力时间比较短，“谈话”要观察孩子的情绪，宝宝不愿意了，家长就要停止。

（2）最好用普通话，语速缓慢，面带笑容，语调抑扬顿挫。

好了，展板都看完了。
谢谢莉莉老师。
不知道你们还有没有什么问题？
听了您的讲解后，我们现在都理解了。
今天我也收益良多，谢谢莉莉老师。
不用谢。
那我们就回去了，莉莉老师，再见！
再见！

家长应该培养 7~9 个月宝宝的倾听习惯。有些家长可能会有疑问，这么小的宝宝能培养倾听习惯吗？回答是肯定的，尽管宝宝不会讲话，但 7~9 个月宝宝想和家长交流，所以家长要多与孩子“谈话”，给宝宝诵读故事，并尽量与身体动作结合来表达，这就是在培养宝宝的倾听。

配套教具——手帕

（一）功能：

1. 是 6~12 个月宝宝的适龄玩具：可训练宝宝触觉统合能力、手精细运动能力和手眼协调能力等。

2. 可作为 10~12 个月宝宝的语言评估工具。

（二）使用方法：

1. 将手帕提供给宝宝自由玩耍。

2. 用手帕包住摇铃、积木等，评估 10~12 月宝宝的语言发展状态。

3. 作为 1 种玩具，家长带宝宝多做玩手帕的游戏，促进宝宝的触觉、语言能力和手眼协调能力发展。

4. 对手帕有兴趣的宝宝，家长可多带宝宝做以手帕为道具的游戏，旨在提高宝宝的注意力。

10~12 个月宝宝
的语言心智教养

小欢到今天就11 个月了。
时间过得真快呀！
是啊！
我们得去让方教授看看宝宝的语言发展能力了。
那么我们什么时候去呢？
这个周末方教授就在社区指导中心，我们一起去吧。
周末很快就到了……
方教授，我们来了。
请进！

啊，是小欢一家啊，你们好！
方教授好！
请抱着小欢跟我到评测室吧！
好！
宝宝不怕。
宝宝，方教授是带宝宝玩的，妈妈在你身边。

妈妈，妈妈。
小欢会叫“妈妈，妈妈”，说明他的语言能力达标了。
啊！那太好了。
可是他好像非常认生。
现在小欢有些怕生，这是情绪发育的正常表现，后面几个月可能会更明显。
后面还会更明显？
是的，但是没有关系，这都是宝宝成长阶段中的正常现象，小欢宝宝很快就不会怕生了。

现在，我们用摇铃
和手帕来做测试。
小欢，叫“妈妈”，
叫“妈妈”就给你。
你可以把手帕包
递给小欢了。
妈妈。

你这样做：让小欢宝宝将手帕和摇铃还回来。
不、不！
哈哈。
小欢宝宝不肯啊！
宝宝能够自然清晰地叫“妈妈”，能够说“不”了，这些表现都很好。

这些都是10~12个月宝宝应掌握的语言本领。
这么说小欢宝宝都达标了？
是的。
请您去观摩一下《10~12个月宝宝语言本领展板》，就在外面走廊。
好的！
谢谢方教授，我们现在就去看展板。
燕燕老师在展板周围巡视，会随时解答你们的疑问。

老师好！
小欢宝宝不怕，这是燕燕老师。
宝宝这个年龄开始怕生是正常的，我走开，宝宝就会好的。
你们先看展板吧，有什么问题可以来找我。

10~12个月宝宝的语言表达能力情况是：10~12个月的宝宝对自己的名字有明确的反应，能学说“妈妈”、“爸爸”，听到悦耳的音乐，肢体会随音乐有动作，对家长的指令有动作应答反应。如果宝宝不能听从大人的指令做动作，如“再见”动作，把球拿过来，对自己的名字无反应等要警惕听力问题。

配套教具——纱巾

（一）功能：

1. 是6~12个月宝宝的适龄玩具，可训练宝宝触觉统合能力、手精细运动能力和手眼协调能力等。

2. 可作为10~12个月宝宝的语言评估工具。

（二）使用方法：

1. 将纱巾提供给宝宝自由玩耍。

2. 用纱巾包住摇铃、积木等，评估10~12月宝宝的语言发展状态。

3. 作为1种玩具，带宝宝做多种玩纱巾的游戏，促进宝宝的触觉、语言能力和手眼协调能力发展。

4. 对纱巾有兴趣的宝宝，家长可多带宝宝玩以纱巾为道具的游戏，旨在提高宝宝的注意力。

育儿心得

10~12 个月宝宝语言本领展板

【10~12 个月宝宝语言本领展板】——语言表达能力

（1）请家长对照自家宝宝的语言表达能力进行判断。

（2）宝宝如果未达标请尽早进行专业咨询。

（1）请家长对照自家宝宝的身体语言表达能力进行判断。

（2）宝宝如果未达标请尽早到专业机构咨询。

你们看完展板了吧？
我们看完了。
家长们，展板上列出的内容是 10~12 个月宝宝基本的语言本领。
嗯。
正常情况下，我们的宝宝应该都能达到。
是的，小欢都达到了。
非常好！ 刚才，我就估计您家小欢的语言能力发展应该是很好的。
哈哈，您怎么知道的？

因为我常常听方教授讲起，您家人在生活中对宝宝“说”的意识很强。
“说”有那么重要吗？
如果家长在生活中对宝宝有“说”的意识，那么宝宝的语言本领就会超过展板上所描述的。
谢谢燕燕老师的鼓励，我们很高兴。
今天有一个方教授给 10~12 个月宝宝家长做的语言养育指导，请你们去听听，祝您全家养育快乐！
谢谢！

方教授的养育指导课 10 点开始，时间快到了，我们马上过去吧！
就在前面的大教室。
10~12 个月宝宝语言心智养育指导

今天的讲座只能家长听，由于宝宝太小，请带宝宝的家长将宝宝带到亲子区玩耍！
大家好！今天我们的主题是“10~12 个月宝宝家长集体语言养育指导”。

刚才，大多数家长已经观摩了10~12个月宝宝的语言本领展板。
我想，列出的项目绝大多数宝宝应该都能够达到吧！
是的。
如果宝宝没有达到，家长一定要重视。越早重视对宝宝危害越小！
先要看医生，排除疾病后，就得寻找养育不当的原因。

家长与宝宝面对面，一对一地对话，说话时用较慢的节奏对宝宝表达。

小欢妈妈，您可以把娃娃当成您的宝宝，请您对玩具娃娃随便说几句话吧。
宝宝，坐在妈妈的腿上，我们来一起玩！
小欢妈妈与娃娃是面对面，还是背对面呢？
是面对面。
小欢妈妈对娃娃说话比我们平时说话速度快还是慢呢？
慢。

谢谢小欢妈妈。
刚才这个例子就是我们生活中的一个场景。
对宝宝见到物品或正在发生动作等情况，家长要与宝宝面对面，一对一地说话。
这时，家长应该及时说出词语，并且用手指给宝宝看，说词时节奏较慢地对宝宝表达出来。

宝宝模仿发音不准时不必立即纠正，以免破坏宝宝学说话的兴趣。

家长们，当宝宝模仿发音不准时不必立即纠正，要避免抑制宝宝说话的兴趣。
当宝宝说出词语的时候，家长应该积极给予表扬和鼓励。
家长在称赞宝宝说话的同时，应该灵活机动地融入正确名称的发音，自然地引导宝宝对词语正确发音。
是这样啊……我们明白了。

方教授，我们家宝宝常常说一些我们听不懂的话，还会配合做一些奇怪的动作，这正常吗？
#@&%
wo……
呵呵，这是正常的。
9~12个月的宝宝会发明许多大人听不懂的词语，并且做出多种多样的身体语言姿势。
是不是还有不少家长在生活中也观察到了宝宝这样的情况？
是的。
有的。

宝宝喜欢边玩边嘴巴说个不停，这其实是孩子在练习发音和模仿语言。
la……ma……wu……ni……
孩子这样“乱”讲话会不会带来不好的语言影响？
不会，这是宝宝自娱自乐的语言游戏，家长要注意千万不要打断孩子。
明白了。

反复诵读故事中关键的单字词，培养宝宝的倾听习惯。

引导宝宝用食指表达“1”， 说出“1”字，促进手指灵活性和启蒙数字概念。

我给小欢宝宝吃小饼干的时候，和他说过“拿一块饼干”这样的话。
小欢好像可以听懂呢！
是这样的。
经常对宝宝说，宝宝就会有概念了。
谢谢方教授。
我们明白了！
那今天的活动就到这里，谢谢大家的配合。
谢谢方教授。

在养育中对宝宝见到物品或正在发生动作等情况，家长应与宝宝面对面，一对一地说话，及时说出词语，并且用手指给宝宝看，说词时用较慢的节奏对宝宝表达出来。当宝宝模仿发音不准时不必立即纠正，以免破坏宝宝学说话的兴趣。

宝宝喜欢边玩边嘴巴说个不停，这是宝宝在玩自娱自乐的语言游戏，家长不要打断孩子。

配套教具——小汽车

（一）功能：

1. 是 7~12 个月宝宝的适龄玩具：可训练宝宝视觉统合能力、手眼协调能力和身体运动能力等。

2. 玩汽车游戏可以促进宝宝的语言能力发展和提高宝宝的注意力。

（二）使用方法：

1. 用汽车玩具逗引宝宝或给宝宝自由玩耍。

2. 作为 1 种玩具，带宝宝玩汽车加语言的游戏，尤其是引导爬行运动，以促进宝宝语言、视觉统合能力和身体运动能力的发展。

3. 对汽车玩具有兴趣的宝宝，家长可多带宝宝玩汽车游戏，以提高宝宝的注意力。

育儿心得

10~12个月宝宝语言心智养育展板

有关 10~12 个月宝宝语言心智养育内容，大家可以到走廊里看展板。
【10~12 个月宝宝语言心智养育展板】
燕燕老师和莉莉老师会在走廊巡视，大家若有任何问题，都可以向她们咨询。
家长们，再见！
再见！

小欢宝宝养育得很好。这和你们全家对宝宝语言心智养育的重视是分不开的。
谢谢方教授的肯定。
再过三个月，请你们再带小欢来评测中心，那个月龄段会有一些新的评测项目。
好。
我还要到另一个社区评测中心去，先走了。你们等下到走廊上看展板吧！
方教授再见！
方教授再见！

【10~12 个月宝宝语言心智养育展板】——在认物和指物中促进宝宝对词语的理解

（1）尽管宝宝不会说话，但对宝宝说出物品的名称，可促进宝宝对词语的理解。

（2）反复对宝宝进行认物和指物训练。

你看，展板上说： 如果每天教宝宝太多的东西，会影响宝宝认物的兴趣。
我们要注意了，我们有时候总是想多教小欢一些东西，这样反而不好。
你说的是，养育宝宝真的是要有足够的耐心，欲速则不达呀！
是啊，我们接着看展板吧！

【10~12个月宝宝语言心智养育展板】——认图说词

（1）反复对宝宝进行认图说词训练，可促进宝宝对词语的理解。

（2）请家长将认图说词的内容编为游戏或儿歌，在游戏和儿歌中让宝宝将名称与图画联系起来，为说出物品名词做准备。

（3）请家长将编的游戏或儿歌内容记录下来。

【10~12 个月宝宝语言心智养育展板】——对宝宝肢体语言的合理应答举例

（1）9~12 个月宝宝肢体语言表达比较多，家长对宝宝的肢体语言应努力理解并给予合理应答。

（2）引导宝宝在肢体语言的基础上发出 1 个字的音。

（3）宝宝自己能够做的动作，家长尽可能引导宝宝自己去体验。

【10~12个月宝宝语言心智养育展板】——对宝宝肢体语言的不正确应答举例

（1）避免看到宝宝的肢体语言立即给予满足。

爸爸，请你以后要注意啦，你看，帮小欢宝宝做事是对他不好的！
嗯，看到了。我没想到会有这么严重的后果。
以后我们都要注意了，不要那么“热心”地去帮小欢做事了。
是的，我们都要注意。

【10~12 个月宝宝语言心智养育展板】——指认五官游戏的自然语言举例

（1）虽然宝宝还不会说话，但有理解词语的能力，指认五官游戏便是一种非常合适的语言游戏。

（2）先指认五官中的一个器官，如鼻子，宝宝学会了，再增加眼睛、耳朵等，注意逐渐增加，避免宝宝一次学习过多。

（3）家长灵活说出指认五官游戏语言，并记录有趣的情节。

【10~12 个月宝宝语言心智养育展板】——指认五官游戏的儿歌举例

（1）如果是“眼睛”，就将儿歌中的“鼻子”替换成“眼睛”，依此类推，还可以替换“耳朵”、“嘴巴”等。

（2）家长灵活编指认五官游戏的儿歌，并记录儿歌内容。

我前几天还看到你和小欢玩指认五官的游戏。
是啊，小欢当时表现出不太明白的样子。
那应该是我们的方法不太正确。
嗯，今天回去我就用方教授的方法和小欢玩指认五官的游戏。
好啊！我们接着看展板吧。

【10~12个月宝宝语言心智养育展板】——用食指表达“1”字游戏的自然语言举例

（1）用食指表达 “1” 和说出 “1” 字的游戏，引导宝宝用食指表达 “1” 、理解 “1” 和说出 “1” 。

（2）家长灵活说出食指表达 “1” 字游戏的语言，并记录有趣的情节。

【10~12 个月宝宝语言心智养育展板】——用食指表达“1”字游戏的儿歌举例

（1）用食指表达“1”字游戏中的玩具内容可以灵活变化，儿歌内容也随之变化。

（2）请家长为食指表达“1”字游戏编写儿歌，并记录儿歌内容。

刚才方教授在集体指导会上也说过引导用宝宝食指表达“1”，这叫启蒙数字游戏。
用食指表达“1”的这个游戏很容易操作啊！
是的，回去我们就试试看。
我没想到小欢这么小就可以有数字“1”的概念。
等回到家我就去和小欢做食指表达数字“1”的游戏！
关键是方法，有方教授的养育指导，我们的小欢一定会越来越聪明的！

展板看完了。
今天从方教授这里学了不少东西，你能说出来吗？
小欢可以模仿大人说话，可以有意识地说出一个字的词语，这都是这个年龄段宝宝应该具有的能力。
还有呢？
还应该懂得吸引别人的注意、用肢体语言表达意思、懂得模仿。

我记得最关键的是我们在教小欢说话的时候要有耐心，要反复说，宝宝发音不准是正常的，不要立即纠正。
是的，不然会影响宝宝学习语言的兴趣。
我印象最深刻的是：我们不能因明白宝宝的意图，就在宝宝说话前满足宝宝的需要，这样会阻碍他语言能力的发育。
还有和宝宝玩指认五官和用食指表示数字“1”的游戏……
哈哈，大家今天收获都很大啊。

宝宝的语言心智养育，需要全家人共同配合和努力。
再见！

10~12 个月的宝宝肢体语言表达比较多，家长对宝宝肢体语言应努力理解并给予合理应答。引导宝宝在肢体语言的基础上发出 1 个字的词，宝宝能够自己做的动作，家长尽可能引导宝宝自己去完成。家长要避免看到宝宝的肢体语言立即给予满足，这样会减少宝宝说话的机会，从而阻碍了宝宝的语言能力发展。

配套教具——心智折纸

（一）功能：

1. 积木对 4~12 个月宝宝是特殊的玩具：抓握积木和积木对敲可训练宝宝手精细运动和手眼协调能力。

2. 心智折纸标有折线，方便家长为宝宝折出红、黄、蓝、绿色纸方块积木或纸三棱锥积木，纸积木轻便和安全，能增加宝宝玩耍积木的兴趣、促进宝宝视觉感觉统合能力和对颜色的认知能力。

（二）使用方法：

1. 家长按照折线为宝宝折出红、黄、蓝、绿色纸方块积木和纸三棱锥积木，逗引宝宝或给宝宝自由玩耍。

2. 纸积木轻便，宝宝容易操控，是 9~12 个月宝宝投掷的好道具，也能增加宝宝扔物品的乐趣，在玩耍过程中家长融入语言，达到促进宝宝语言、注意力、视觉统合能力和身体运动能力的发展。

3. 家长将纸方块积木和纸三棱锥积木排成各种道路，有效吸引宝宝多爬行，发挥爬行运动促进触觉统合能力、身体协调能力和提高注意力的作用。